AF188462

Impressum
Verlag: BABADADA GmbH, Nedderfeld 112 , 22529 Hamburg
Geschäftsführer / Verlagsleitung: Harald Hof
Druck: Books on Demand GmbH, In de Tarpen 42, 22848 Norderstedt

Imprint
Publisher: BABADADA GmbH, Nedderfeld 112 , 22529 Hamburg, Germany
Managing Director / Publishing direction: Harald Hof
Print: Books on Demand GmbH, In de Tarpen 42, 22848 Norderstedt, Germany

școală

la escuela

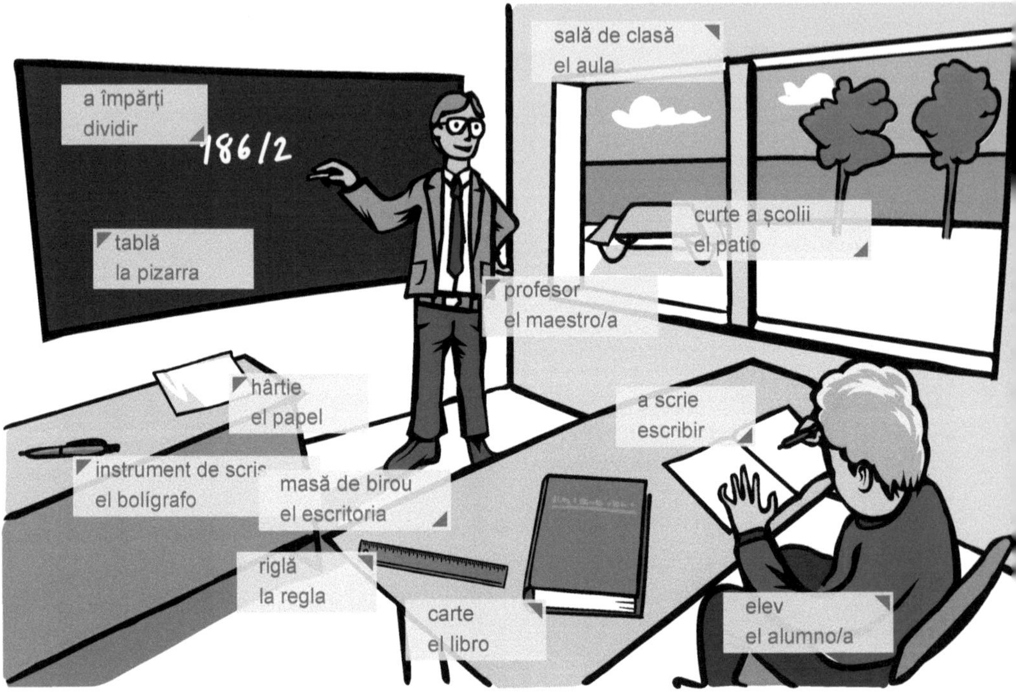

sală de clasă
el aula
a împărți
dividir
186/2
tablă
la pizarra
curte a școlii
el patio
profesor
el maestro/a
hârtie
el papel
a scrie
escribir
instrument de scri
el bolígrafo
masă de birou
el escritoria
riglă
la regla
carte
el libro
elev
el alumno/a

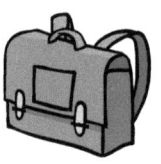

ghiozdan

la cartera

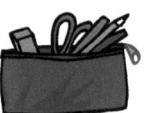

penar

la caja de lápices

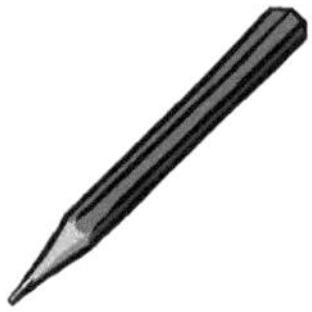

creion

el lápiz

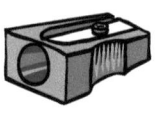

ascuțitoare

el sacapuntas

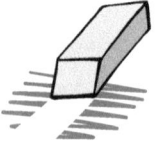

radieră

la goma de borrar

bloc de desen

el cuaderno de dibujo

desen
el dibujo

pensulă
el pincel

cutie de acuarele
la caja de pinturas

foarfece
las tijeras

lipici
el pegamento

caiet de exerciții
el cuaderno de ejercicios

temă
los deberes

număr
el número

2+2

a aduna
sumar

5-2

a scădea
restar

2×2

a multiplica
multiplicar

a calcula
calcular

A

literă
la letra

ABCDEFG HIJKLMN OPQRSTU VWXYZ

alfabet
el alfabeto

cuvânt
la palabra

text
el texto

a citi
leer

cretă
la tiza

oră
la lección

catalog
el cuaderno de notas

examen
el examen

certificat
el certificado

uniformă școlară
el uniforme

educație
la educación

enciclopedie
la enciclopedia

universitate
la universidad

microscop
el microscopio

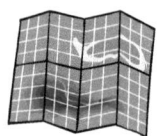

hartă
el mapa

coș de gunoi
la papelera

călătorie
el viaje

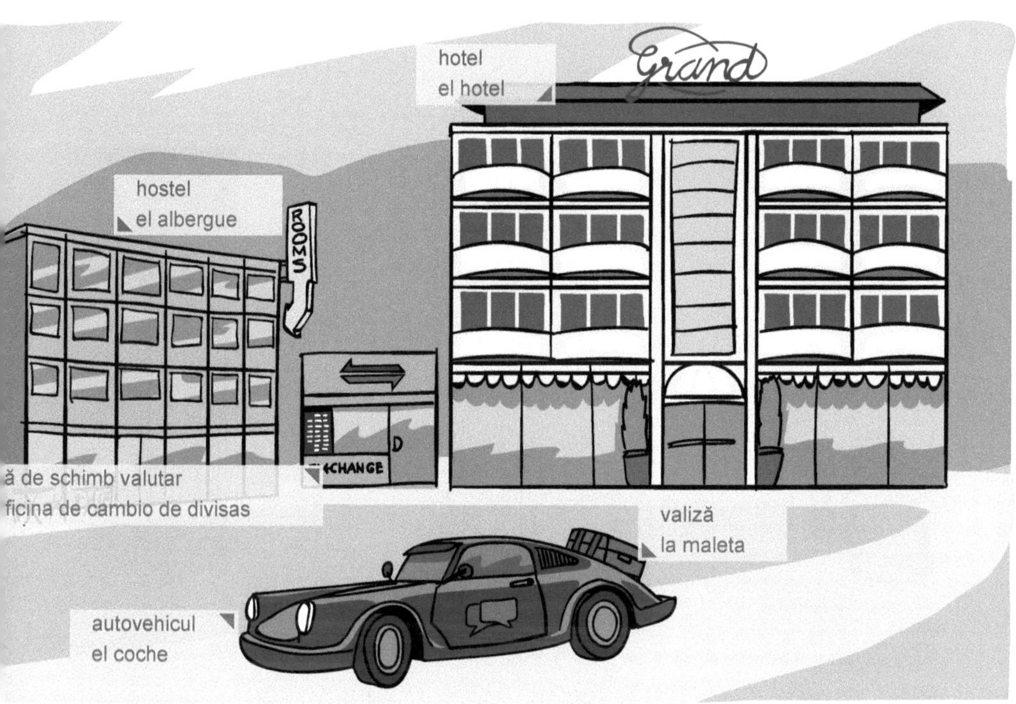
hotel
el hotel
hostel
el albergue
ROOMS
EXCHANGE
ă de schimb valutar
ficina de cambio de divisas
valiză
la maleta
autovehicul
el coche

limbă

el idioma

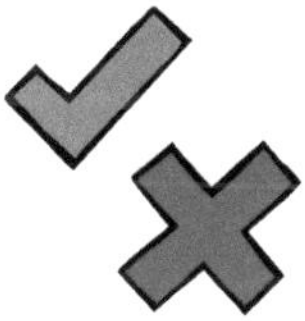

da/nu

sí / no

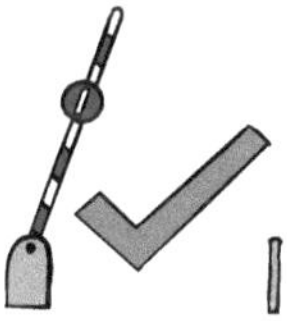

okay

Vale

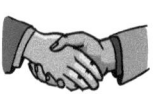

Bună!

hola

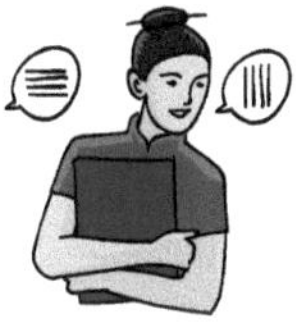

interpret

el traductor

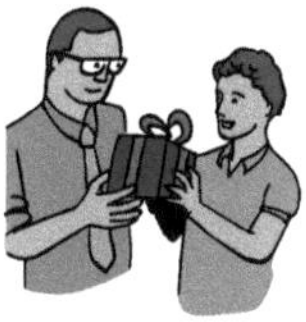

mulțumesc

Gracias

Cât costă...?

¿cuánto es...?

Nu înțeleg

No entiendo

problemă

el problema

Bună seara!

¡Buenas tardes!

Bună dimineața!

¡Buenos días!

Noapte bună!

¡Buenas noches!

la revedere

adiós

direcție

la dirección

bagaj

el equipaje

geantă

la bolsa

rucsac

la mochila

oaspete

el invitado

cameră

la habitación

sac de dormit

el saco de dormir

cort

la tienda de campaña

unct de informare turistică	plajă	carte de credit
la información turística	la playa	la tarjeta de crédito

mic dejun	masa de prânz	cină
el desayuno	el almuerzo	la cena

bilet de călătorie	lift	timbru poștal
el billete	el ascensor	el sello

graniță	vamă	ambasadă
la frontera	la aduana	la embajada

viză	pașaport
la visa	el pasaporte

transport
el transporte

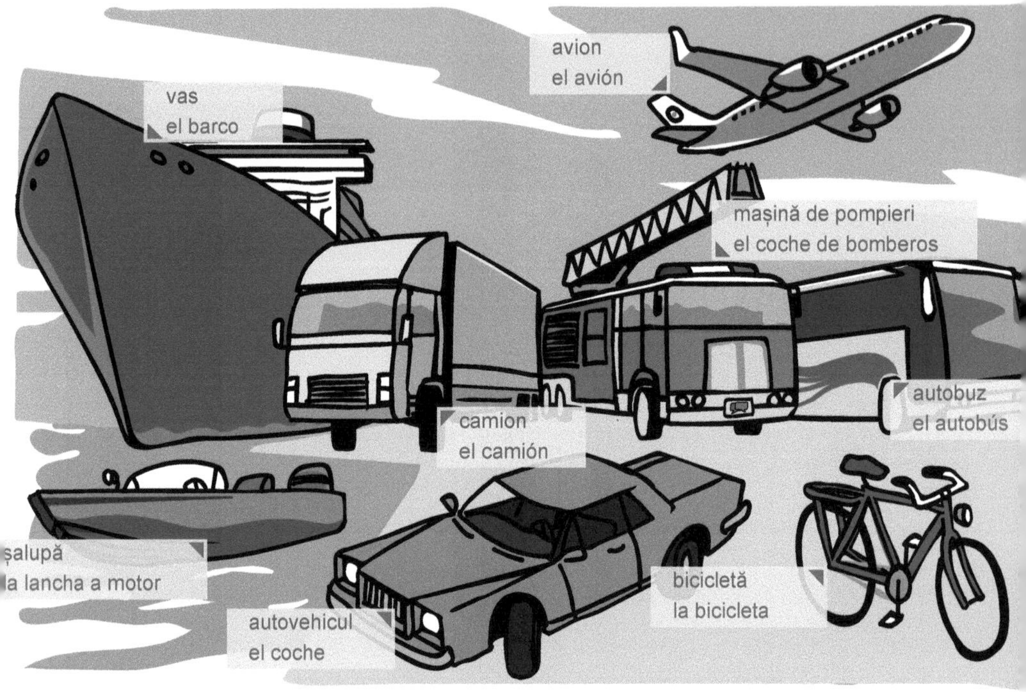

avion
el avión
vas
el barco
mașină de pompieri
el coche de bomberos
autobuz
el autobús
camion
el camión
șalupă
la lancha a motor
bicicletă
la bicicleta
autovehicul
el coche

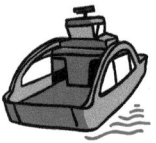

feribot

el transbordador

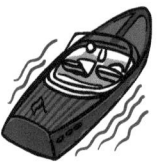

barcă

la barca

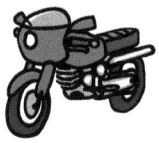

motocicletă

la moto

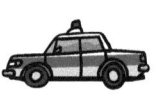

mașină de poliție

el coche de policía

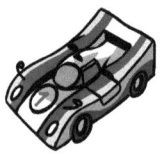

mașină de curse

el coche de carreras

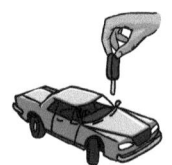

mașină închiriată

el coche de alquiler

car sharing

el préstamo de vehículos

maşină de tractat

la grúa

maşină de gunoi

el camión de la basura

motor

el motor

combustibil

la gasolina

benzinărie

la gasolinera

semn de circulaţie

la señal de tráfico

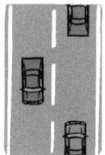

trafic

el tráfico

ambuteiaj

el atasco

parcare

el aparcamiento

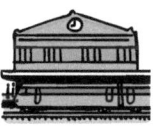

gară

la estación de tren

şine

las vías

tren

el tren

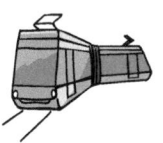

tramvai

el tranvía

vagon

el vagón

elicopter
el helicóptero

aeroport
el aeropuerto

turn
la torre

pasager
el pasajero

container
el contenedor

carton
la caja de cartón

căruță
la carretilla

coș
la cesta

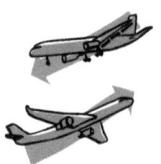

a decola/a ateriza
despegar / aterrizar

oraș
la ciudad

sat
el pueblo

centru
el centro de la ciudad

casă
la casa

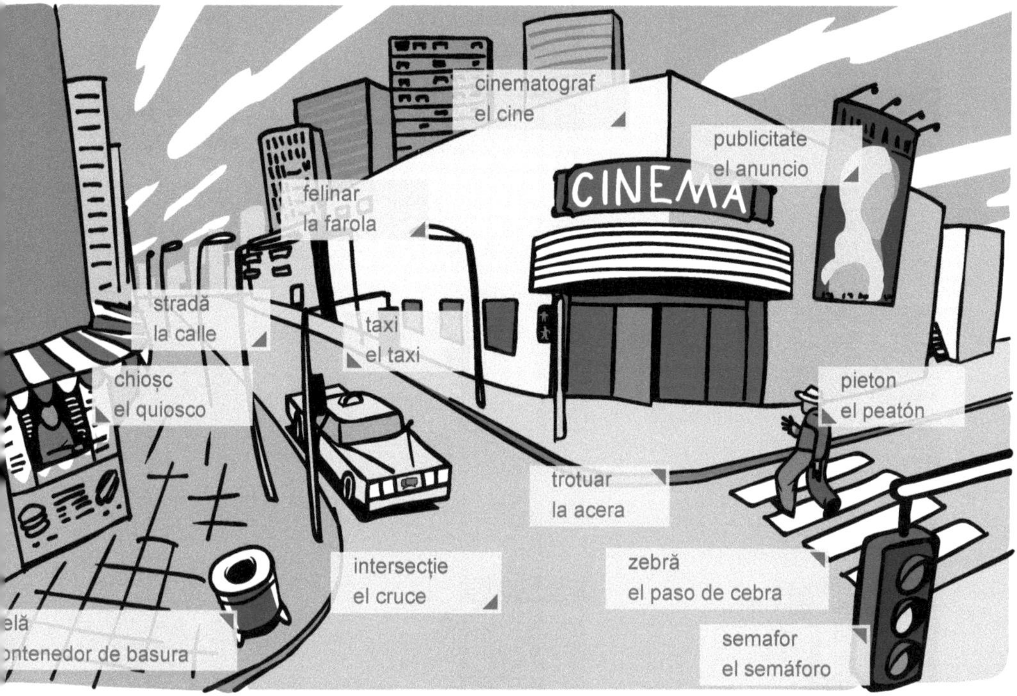
cinematograf
el cine
CINEMA
publicitate
el anuncio
felinar
la farola
stradă
la calle
taxi
el taxi
chioșc
el quiosco
pieton
el peatón
trotuar
la acera
intersecție
el cruce
zebră
el paso de cebra
elă
ntenedor de basura
semafor
el semáforo

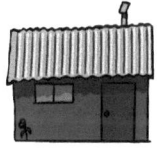

cabană

la cabaña

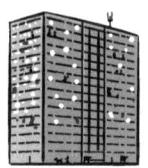

apartament

el apartamento

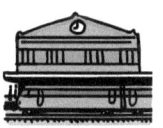

gară

la estación de tren

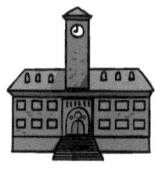

primărie

el ayuntamiento

MUSEUM

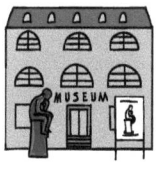

muzeu

el museo

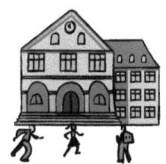

școală

la escuela

universitate

la universidad

bancă

el banco

spital

el hospital

hotel

el hotel

farmacie

la farmacia

birou

la oficina

librărie

la librería

magazin

la tienda de campaña

florărie

la floristería

supermarket

el supermercado

piață

el mercado

magazin universal

los grandes almacenes

comerciant de pește

la pescadería

centru comercial

el centro comercial

port

el puerto

parc
el parque

bancă
el banco

pod
el puente

trepte
las escaleras

metrou
el metro

tunel
el túnel

staţie de autobuz
la parada de autobús

bar
el bar

restaurant
el restaurante

cutie poştală
el buzón

tăbliţă indicatoare cu
numele străzii
el poste indicador

parcometru
el parquímetro

grădină zoologică
el zoo

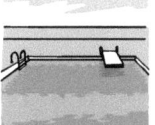

piscină
la piscina

moschee
la mezquita

gospodărie țărănească
la granja

poluare
la contaminación

cimitir
el cementerio

biserică
la iglesia

loc de joacă
el patio de juego

templu
el templo

peisaj
el paisaje

frunză
la hoja

indicator
la señal

drum
el camino

pajiște
el prado

piatră
la piedra

copac
el árbol

drumeț
el excursionista

râu
el río

iarbă
la hierba

floare
la flor

vale
el valle

deal
la colina

lac
el lago

pădure
el bosque

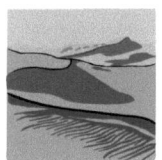

deșert
el desierto

vulcan
el volcán

castel
el castillo

curcubeu
el arcoíris

ciupercă
el champiñón

palmier
la palmera

țânțar
el mosquito

muscă
la mosca

furnică
la hormiga

albină
la abeja

păianjen
la araña

gândac

el escarabajo

broască

la rana

veveriță

la ardilla

arici

el erizo

iepure

la liebre

bufniță

la lechuza

pasăre

el pájaro

lebădă

el cisne

porc mistreț

el jabalí

cerb

el ciervo

elan

el alce

dig

la presa

turbină eoliană

la turbina eólica

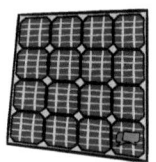

panou solar

el panel solar

climă

el clima

restaurant
el restaurante

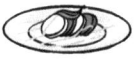

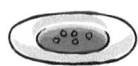

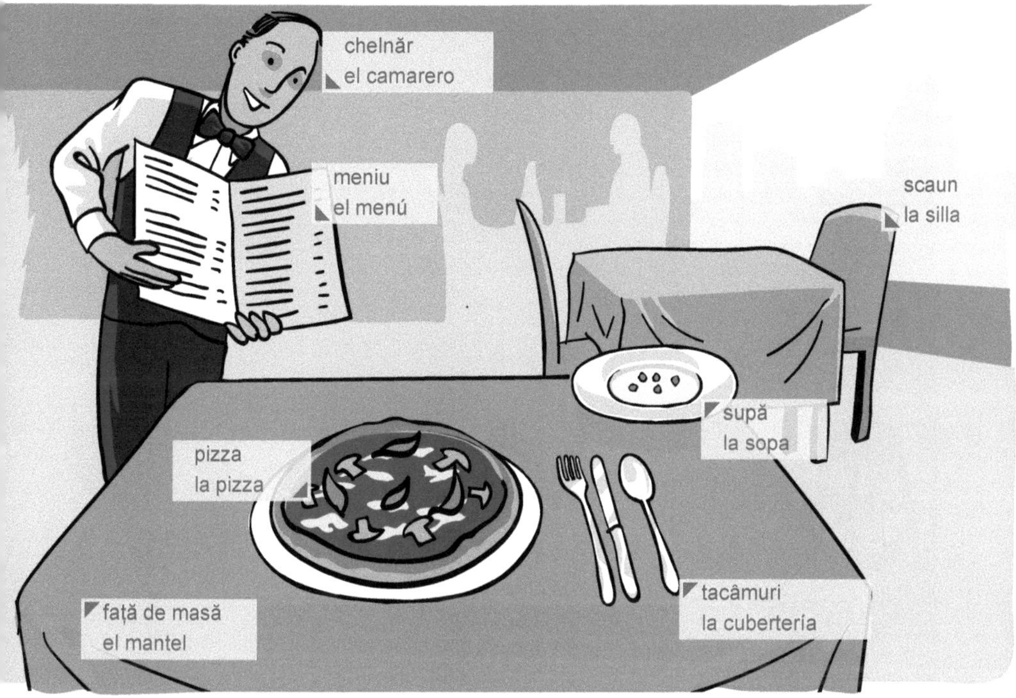

chelnăr
el camarero
meniu
el menú
scaun
la silla
supă
la sopa
pizza
la pizza
tacâmuri
la cubertería
față de masă
el mantel

antreu

el primer plato

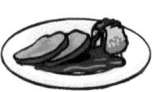

fel principal

el plato principal

desert

el postre

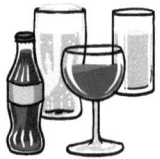

băuturi

las bebidas

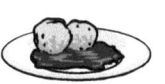

mâncare

la comida

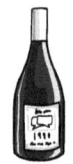

sticlă

la botella

fastfood

la comida rápida

streetfood

la comida callejera

ceainic

la tetera

zaharniță

el azucarero

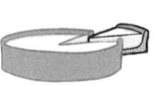

porție

la porción

espressor

la cafetera expreso

scaun înalt (pentru copii)

la trona

factură

la cuenta

tavă

la bandeja

cuțit

el cuchillo

furculiță

el tenedor

lingură

la cuchara

linguriță

la cucharilla

șervețel

la servilleta

pahar

el vaso

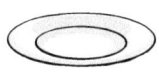

farfurie
el plato

farfurie de supă
el plato hondo

farfurie
el platillo

sos
la salsa

solniță
el salero

râșniță de piper
el molinillo de pimienta

oțet
el vinagre

ulei
el aceite

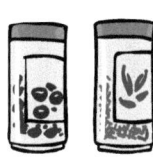

condimente
las especias

ketchup
el ketchup

muștar
la mostaza

maioneză
la mayonesa

supermarket

el supermercado

ofertă
la oferta especial
FOR
client
el cliente
produse lactate
los lácteos
fructe
la fruta
cărucior de cumpărături
el carro de compra

BUTCHERS

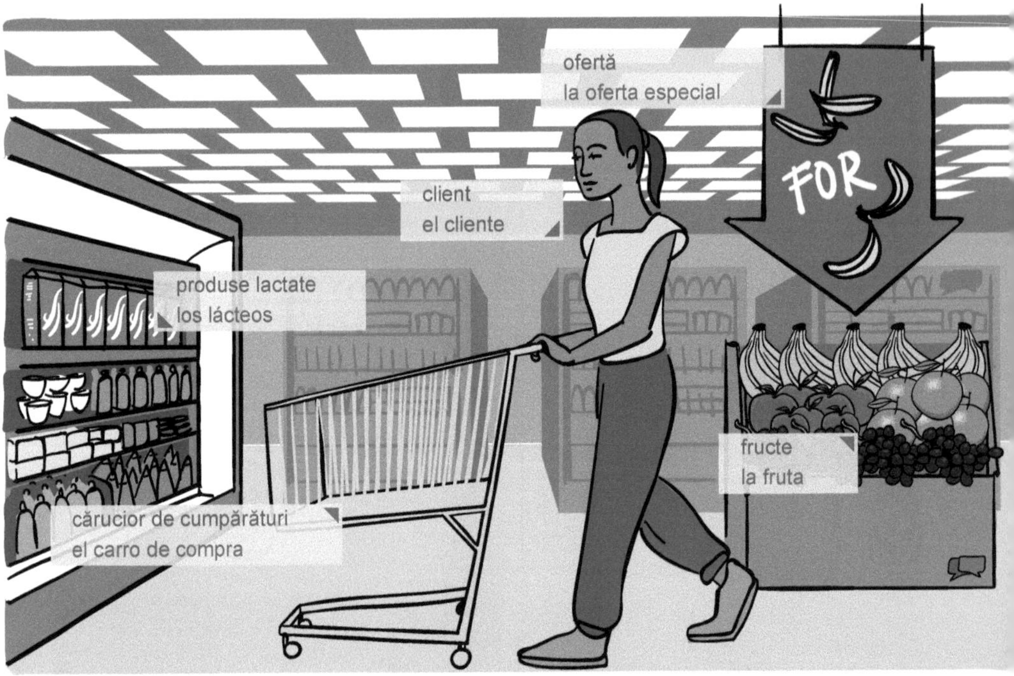

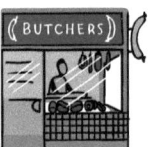

măcelărie

la carniceria

BAKERY

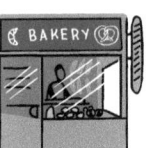

brutărie

la panadería

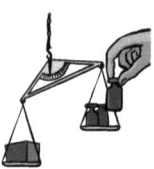

a cântări

pesar

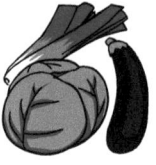

legume

las verduras

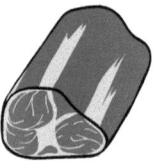

carne

la carne

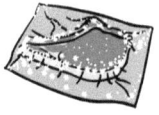

alimente refrigerate

los alimentos congelados

mezeluri şi brânzeturi feliate

los fiambres

conserve

las conservas

detergent

el detergente en polvo

dulciuri

los dulces

articole de menaj

productos de uso doméstico

produse de curăţenie

productos de limpieza

vânzătoare

la vendedora

casă

la caja de cartón

casier

el cajero

listă de cumpărături

la lista de la compra

orar

el horario de atención al público

portmoneu

la cartera

carte de credit

la tarjeta de crédito

geantă

la bolsa de plástico

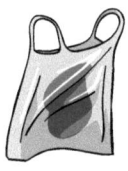

pungă de plastic

la bolsa de plástico

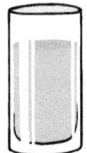

apă
el agua

suc
el zumo

lapte
la leche

cola
la cola

vin
el vino

bere
la cerveza

alcool
el alcohol

cacao
el cacao

ceai
el té

cafea
el café

espresso
el expreso

cappucino
el capuchino

banane
el plátano

măr
la manzana

portocală
la naranja

pepene
el melón

lămâie
el limón

morcov
la zanahoria

usturoi
el ajo

bambus
el bambú

ceapă
la cebolla

ciupercă
el champiñón

nuci
las avellanas

paste făinoase
los fideos

spagheti

las espagueti

orez

el arroz

salată

la ensalada

cartofi prăjiți

las patatas fritas

cartofi țărănești

las patatas fritas

pizza

la pizza

hamburger

la hamburguesa

sandwich

el sándwich

șnițel

el filete

șuncă

el jamón

salam

le salami

cârnați

la salchicha

pui

el pollo

friptură

el asado

pește

el pescado

fulgi de ovăz

los copos de avena

musli

el muesli

cereale

los copos de maíz

făină

la harina

corn

el cruasán

chifle

el panecillo

pâine

el pan

pâine prăjită

la tostada

biscuiți

las galletas

unt

la mantequilla

brânză de vaci

la cuajada

prăjitură

el pastel

ou

el huevo

ouă ochiuri

el huevo frito

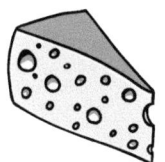

brânză

el queso

îngheţată
el helado

zahăr
el azúcar

miere
la miel

marmeladă
la mermelada

cremă nuga
la crema de turrón

curry
el curry

mâncare - la comida

gospodărie ţărănească
la granja

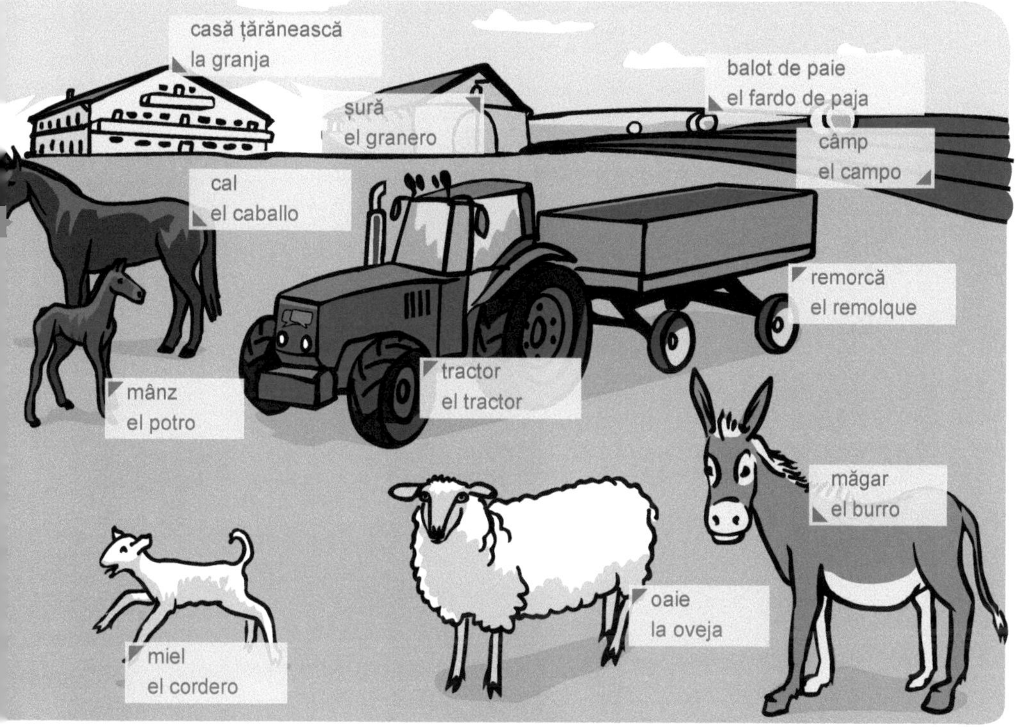
casă ţărănească
la granja
şură
el granero
balot de paie
el fardo de paja
câmp
el campo
cal
el caballo
remorcă
el remolque
mânz
el potro
tractor
el tractor
măgar
el burro
oaie
la oveja
miel
el cordero

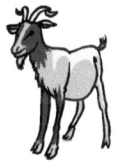

capră
la cabra

vacă
la vaca

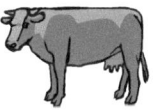

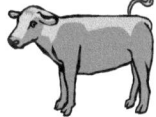

viţel
el ternero

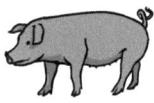

porc
el cerdo

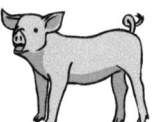

purcel
el cerdito

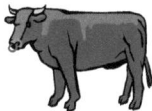

taur
el toro

găină
el ganso

rață
el pato

pui
el pollo

găină
la gallina

cocoș
el gallo

șobolan
la rata

pisică
el gato

șoarece
el ratón

bou
el buey

câine
el perro

cușcă
la perrera

furtun de grădină
la manguera

stropitoare
la regadera

coasă
la guadaña

plug
el arado

seceră
la hoz

sapă
la azada

furcă
la horca

secure
el hacha

roabă
la carretilla

troacă
el abrevadero

cană pentru lapte
la lechera

sac
el saco

gard
la valla

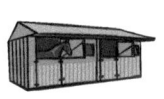

grajd
el establo

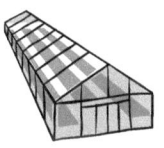

seră
el invernadero

sol
el suelo

sămânță
la semilla

fertilizator
el fertilizador

combină de treierat
la cosechadora

a culege
....
cosechar

recoltă
....
la cosecha

cartof yam
....
el ñame

grâu
....
el trigo

soia
....
el soja

cartof
....
la patata

porumb
....
el maíz

rapiță
....
la semilla de colza

pom fructifer
....
el árbol frutal

manioc
....
la mandioca

cereale
....
las cereales

casă
la casa

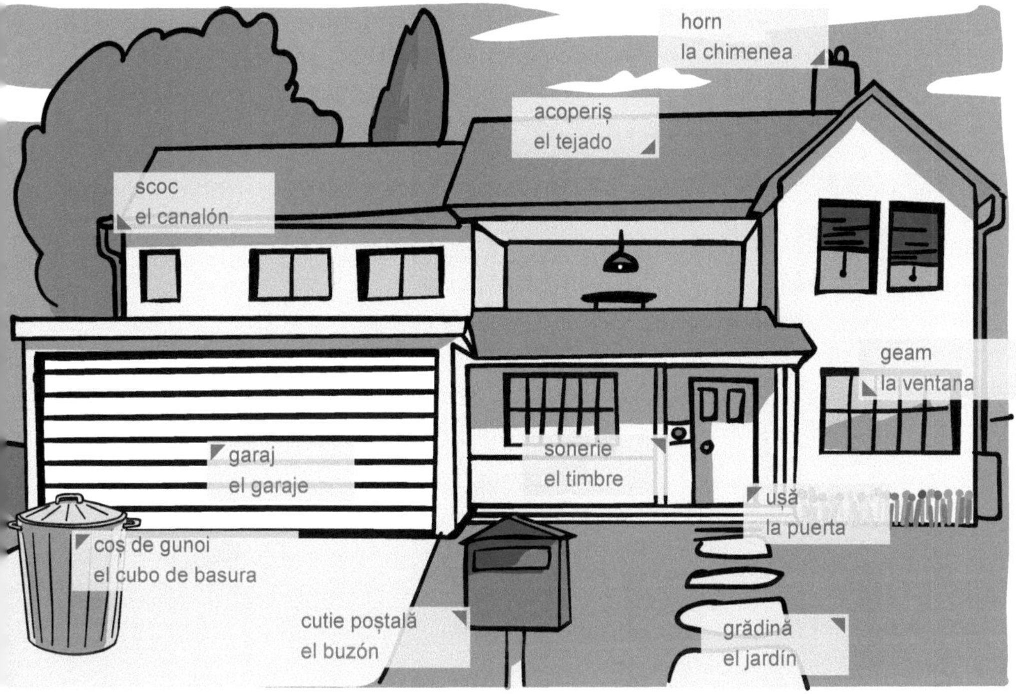
horn
la chimenea
acoperiș
el tejado
scoc
el canalón
geam
la ventana
sonerie
el timbre
garaj
el garaje
ușă
la puerta
coș de gunoi
el cubo de basura
cutie poștală
el buzón
grădină
el jardín

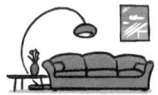

cameră de zi

la sala

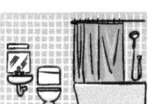

baie

el cuarto de baño

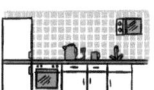

bucătărie

la cocina

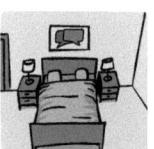

dormitor

el dormitorio

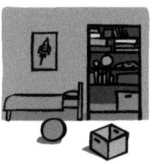

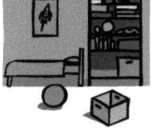

camera copiilor

la habitación de los niños

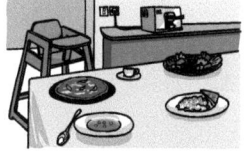

sufragerie

el comedor

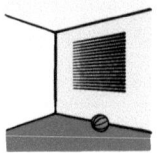

podea

el suelo

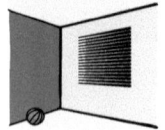

perete

la pared

tavan

el techo

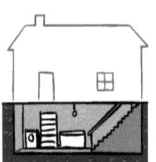

pivniță

el sótano

saună

la sauna

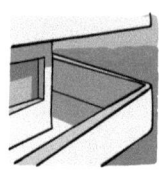

balcon

el balcón

terasă

la terraza

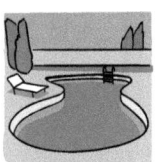

piscină

la piscina

mașină de tuns iarba

el cortacésped

cearșaf

la sábana

cuvertură

la colcha

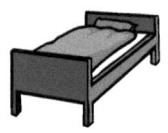

pat

la cama

mătură

la escoba

găleată

el balde

întrerupător

el interruptor

casă - la casa

camеră de zi

la sala

tapet
el papel pintado
pictură
la imagen
lampă
la lámpara
raft
el estante
dulap
el armario
televizor
la televisión
șemineu
la chimenea
floare
la flor
pernă
el cojín
sofa
el sofá
vază
el jarrón
telecomandă
el mando a distancia

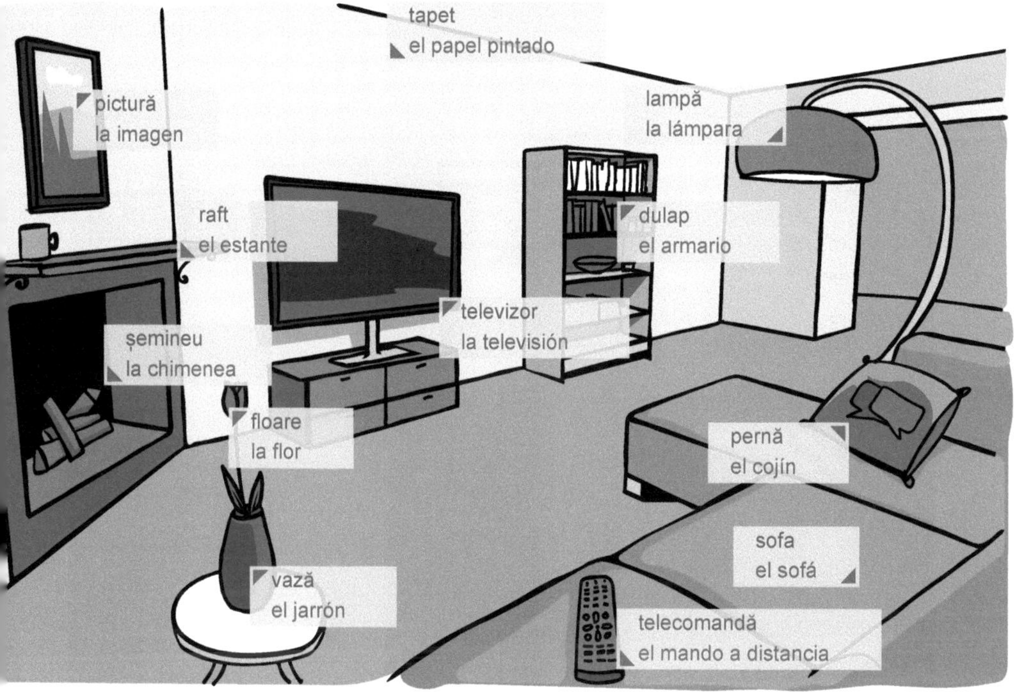

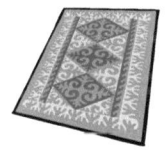

covor

la alfombra

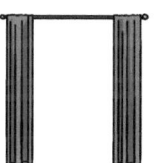

perdea

la cortina

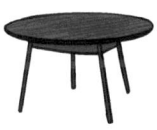

masă

la mesa

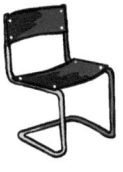

scaun

la silla

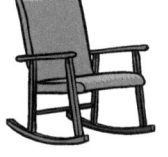

balansoar

el mecedora

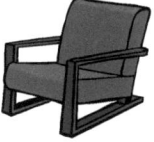

fotoliu

la butaca

carte
....
el libro

pătură
....
la manta

decoraţiune
....
la decoración

lemn de foc
....
la leña

film
....
la película

instalaţie stereo
....
el equipo de música

cheie
....
la llave

ziar
....
el periódico

desen
....
la pintura

poster
....
el póster

radio
....
la radio

caiet de notiţe
....
el cuaderno

aspirator
....
la aspiradora

cactus
....
el cactus

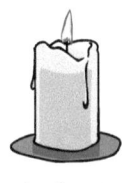

lumânare
....
la vela

bucătărie
la cocina

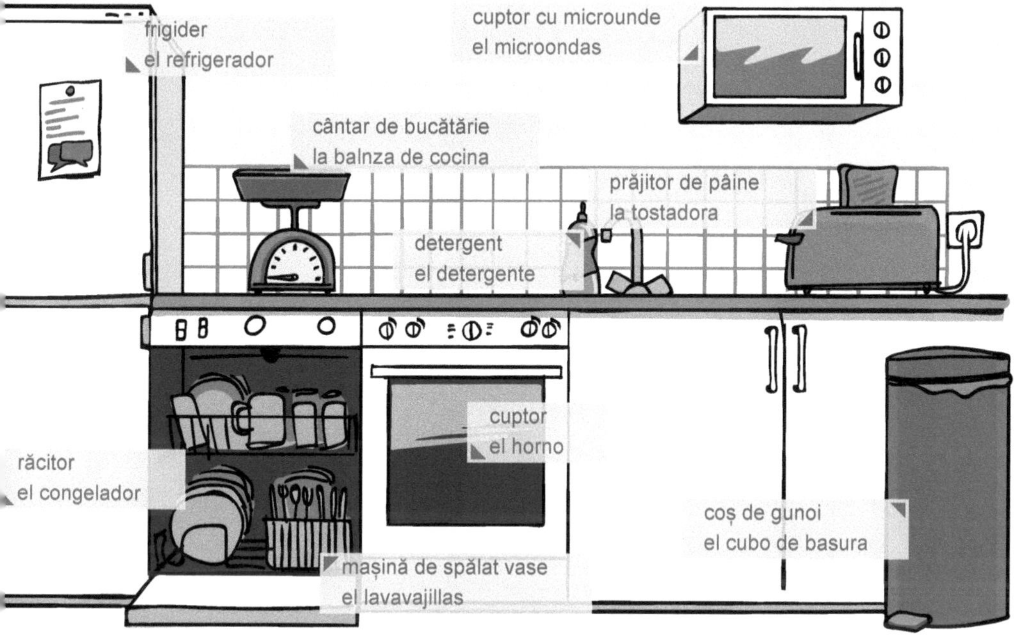

frigider
el refrigerador
cuptor cu microunde
el microondas
cântar de bucătărie
la balnza de cocina
prăjitor de pâine
la tostadora
detergent
el detergente
cuptor
el horno
răcitor
el congelador
coș de gunoi
el cubo de basura
mașină de spălat vase
el lavavajillas

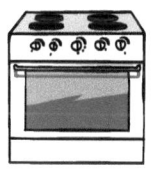

cuptor

la olla a presión

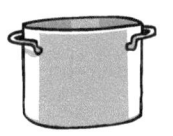

oală

la olla

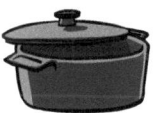

oală de metal

la olla de hierro fundido

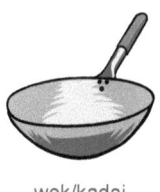

wok/kadai

el wok

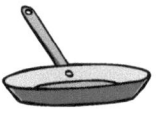

tigaie

la cazuela

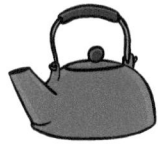

ceainic

el hervidor

oală de gătit cu aburi

la vaporera

tavă de copt

la chapa de horno

veselă

la vajilla

pahar

la taza

bol

el tazón

bețișoare

los palillos

polonic

el cucharón

spatulă

la espumadera

tel

el batidor

sită

el colador

sită

el cedazo

răzătoare

el rallador

mojar

el mortero

grătar

la barbacoa

loc pentru grătar

la hoguera

tocător
....
la tabla de picar

sucitor
....
el rodillo

tirbușon
....
el sacacorchos

conservă
....
la lata

deschizător de conserve
....
el abrelatas

șervete termice
....
el agarrador

chiuvetă
....
el lavabo

perie
....
el cepillo

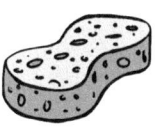

burete
....
la esponja

mixer
....
la batidora

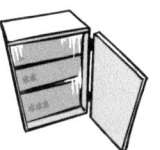

ladă frigorifică
....
el congelador

biberon
....
el biberón

robinet
....
el grifo

baie

el cuarto de baño

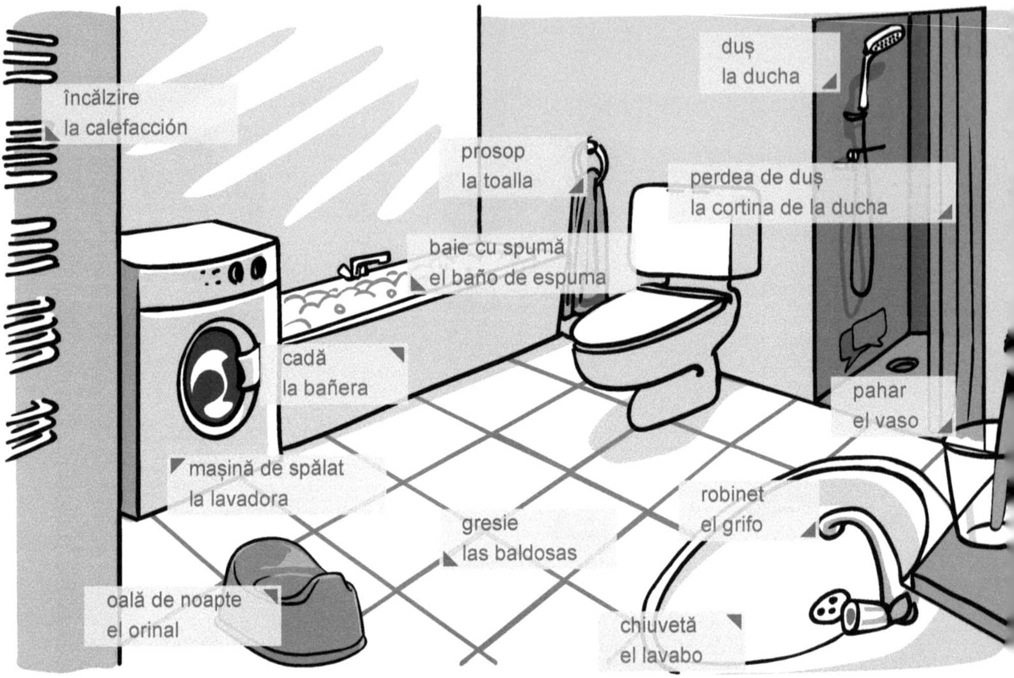

încălzire
la calefacción
duș
la ducha
prosop
la toalla
perdea de duș
la cortina de la ducha
baie cu spumă
el baño de espuma
cadă
la bañera
pahar
el vaso
mașină de spălat
la lavadora
robinet
el grifo
gresie
las baldosas
oală de noapte
el orinal
chiuvetă
el lavabo

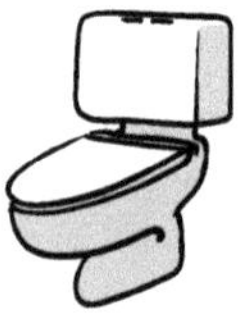

toaletă

el inodoro

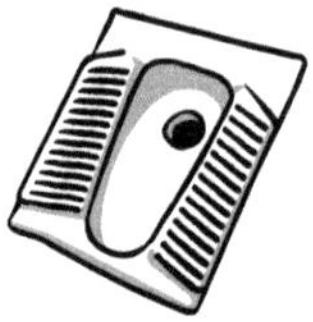

toaletă turcescă

el inodoro rústico

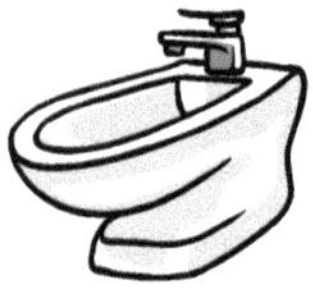

bideu

el bidé

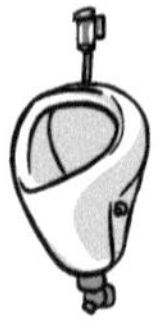

pisoir

el urinario

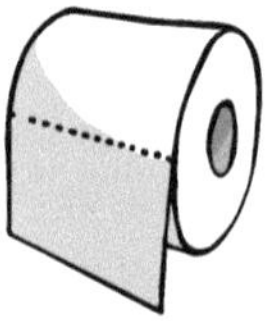

hârtie igienică

el papel higiénico

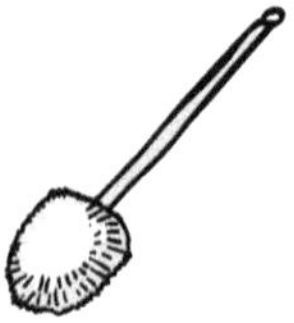

perie de toaletă

la escobilla del váter

periuță de dinți

el cepillo de dientes

pastă de dinți

la pasta de dientes

ață dentară

el hilo dental

a spăla

lavar

cap de duș

la ducha de mano

duș intim

la ducha íntima

lavoar

la pila

perie pentru spate

el cepillo de espalda

săpun

el jabón

gel de duș

el gel de ducha

șampon

el champú

cârpă de spălat

la toallita

scurgere

el desagüe

cremă

la crema

deodorant

el desodorante

oglindă
....
el espejo

oglindă cosmetică
....
el espejo de tocador

aparat de ras
....
la maquinilla de afeitar

spumă de ras
....
la espuma de afeitar

aftershave
....
la loción postafeitado

pieptene
....
el peine

perie
....
el cepillo

uscător de păr
....
el secador

fixator
....
la laca

machiaj
....
el maquillaje

ruj
....
el pintalabios

lac de unghii
....
el pintauñas

vată
....
el algodón

foarfece de unghii
....
el cortauñas

parfum
....
el perfume

baie - el cuarto de baño

neseser

el estuche de viaje

taburet

la banqueta

cântar

la balanza

halat de baie

el albornoz

mănuşi de cauciuc

los guantes de goma

tampon

el tampón

tampon

la compresa

toaletă chimică

el inodoro químico

camera copiilor
la habitación de los niños

ceas deșteptător
el despertador
jucărie de pluș
el peluche
mașină de jucărie
el coche de juguete
morișcă
el sonajero
casă de păpuși
la casa de muñecas
cadou
el regalo

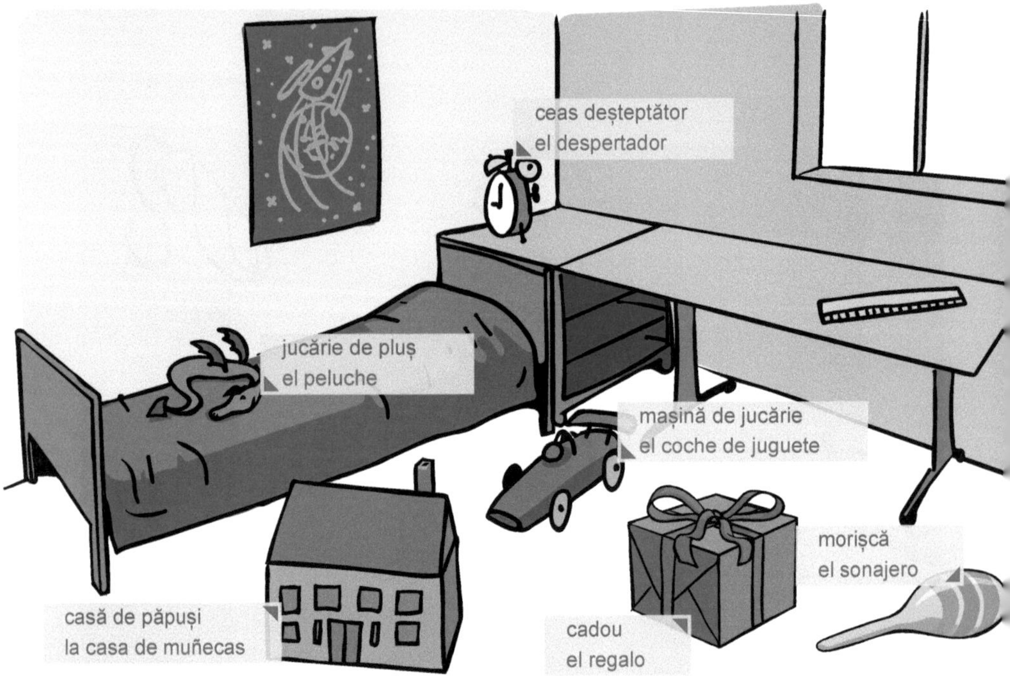

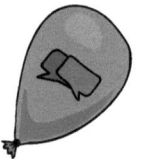

balon
el globo

pat
la cama

cărucior de copii
el coche de niño

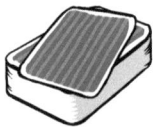

joc de cărți
los naipes

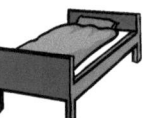

puzzle
el puzle

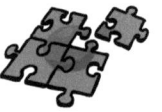

revistă de benzi desenate
el tebeo

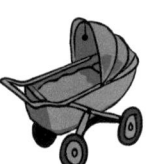

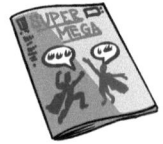

cuburi lego

las piezas de lego

piese pentru construcţii

los bloques de juguete

personaj din filmele de acţiune

la figura de acción

body

el bodi (de bebé)

frisbee

el frisbee

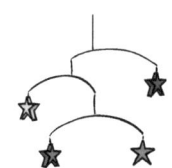

mobil

el colgador móvil para bebés

joc de societate

el juego de mesa

zar

los dados

set trenuleţ de jucărie

el circuito de tren eléctrico

suzetă

el maniquí

petrecere

la fiesta

carte cu poze

el álbum de fotos

minge

la pelota

păpuşă

la muñeca

a se juca

jugar

groapă de nisip

el cajón de arena

leagăn

el columpio

jucării

los juguetes

consolă video

la videoconsola

tricicletă

el triciclo

ursuleț

el oso de peluche

dulap

la guardarropa

îmbrăcăminte

la ropa

șosete

los calcetines

ciorapi

las medias

dres

los leotardos

şal
la bufanda

umbrelă
el paraguas

tricou
la camiseta

curea
el cinturón

cizme
las botas

papuci
las zapatillas

pantofi sport
las deportivas

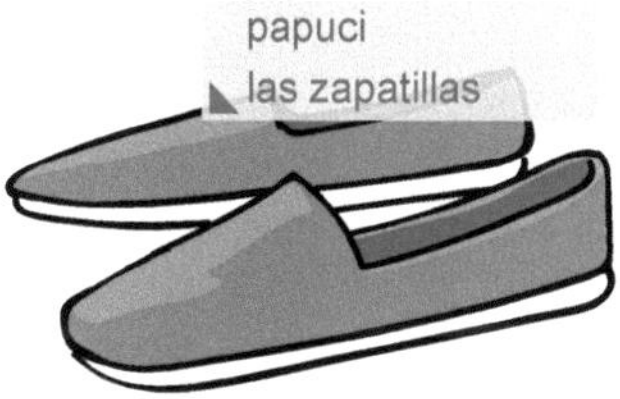

sandale
las sandalias

încălţăminte
los zapatos

cizme de cauciuc
las botas de goma

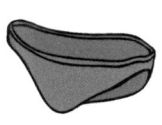

chilot
el slip

sutien
el sostén

maiou
el chaleco

body
el bodi

pantaloni
los pantalones cortos

blugi
los vaqueros

fustă
la falda

bluză
la blusa

cămașă
la camisa

pulover
el jersey

jerseu
el suéter

sacou
el blazer

jachetă
la chaqueta

palton
el abrigo

pelerină de ploaie
la gabardina

costum
el traje

rochie
el vestido

rochie de mireasă
el vestido de novia

costum
el traje

cămașă de noapte
el camisón

pijama
el pijama

sari
el sati

batic
el bandana

turban
el turbante

burka
la burka

caftan
el caftán

abaya
la abaya

costum de baie
el traje de baño

șort
el bañador

pantaloni scurți
los pantalones cortos

trening
el chándal

șorț
el delantal

mănuși
los guantes

nasture

el botón

ochelari

las gafas

brăţară

el brazalete

lanţ

el collar

inel

el anillo

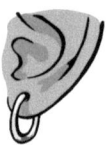

cercel

el pendiente

căciulă

la gorra

umeraş

la percha

pălărie

el sombrero

cravată

la corbata

fermoar

la cremallera

cască

el casco

bretele

los tirantes

uniformă şcolară

el uniforme

uniformă

el uniforme

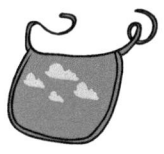

baveţică

el babero

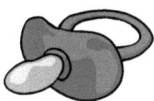

suzetă

el maniquí

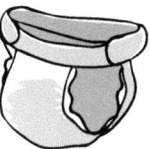

scutec

el pañal

birou
la oficina

server
el servidor
dulap de acte
el archivo
imprimantă
la impresora
hârtie
el papel
monitor
el monitor
masă de birou
el escritoria
mouse
el ratón
fişier
la carpeta
tastatură
el teclado
scaun
la silla
coş de gunoi
la papelera
computer
el ordenador

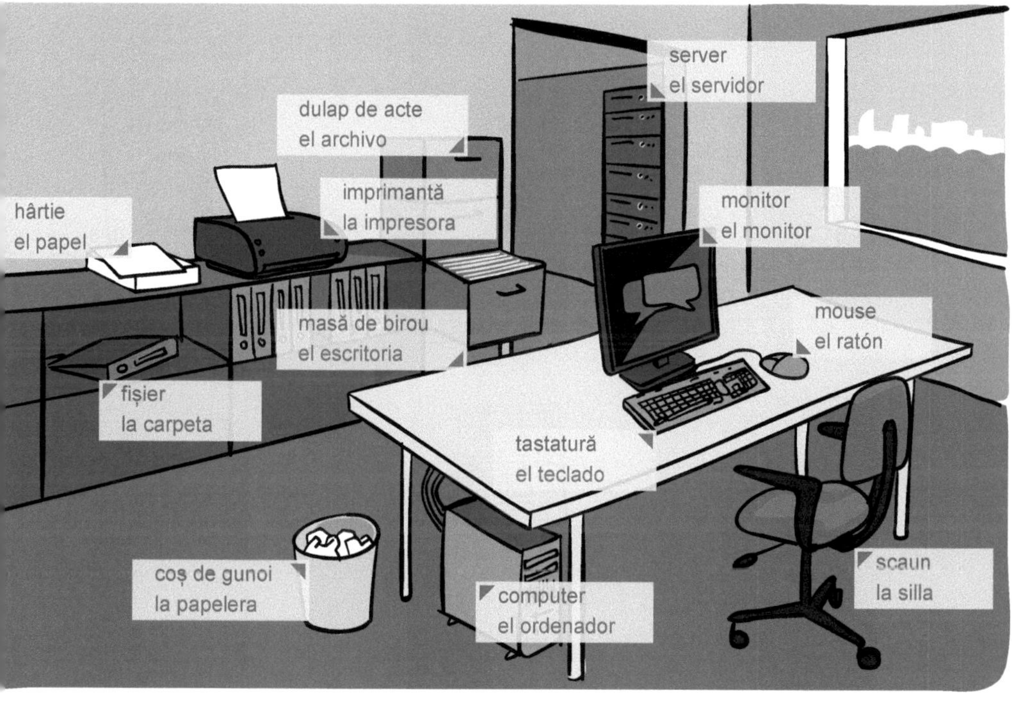

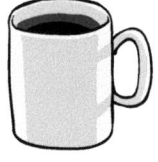

ceaşcă de cafea

la taza de café

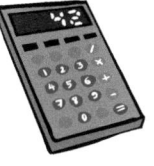

calculator

la calculadora

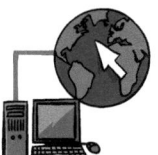

internet

el internet

laptop
el portátil

scrisoare
la carta

mesaj
el mensaje

telefon mobil
el móvil

reţea
la red

copiator
la fotocopiadora

software
el software

telefon
el teléfono

priză
la toma de corriente

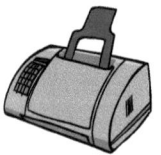

fax
el fax

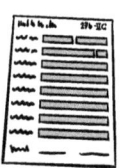

formular
el formulario

document
el documento

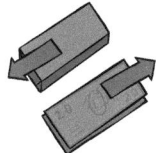

a cumpăra

comprar

a plăti

pagar

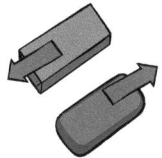

a face comerţ

comerciar

bani

el dinero

Dolar

el dólar

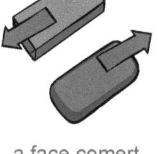

Euro

el euro

Yen

el yen

Rublă

el rublo

Franc Elveţian

el franco suizo

renminbi yuan

el renminbi yuan

Rupie

la rupia

bancomat

el cajero automático

casă de schimb valutar

la oficina de cambio de divisas

aur

el oro

argint

la plata

petrol

el petróleo

energie

la energía

preţ

el precio

contract

el contrato

impozit

el impuesto

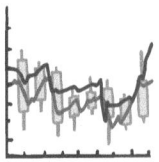

acţiune

la acción

a munci

trabajar

angajat

el empleador

angajator

el empleador

fabrică

la fábrica

magazin

la tienda de campaña

ocupații
los oficios

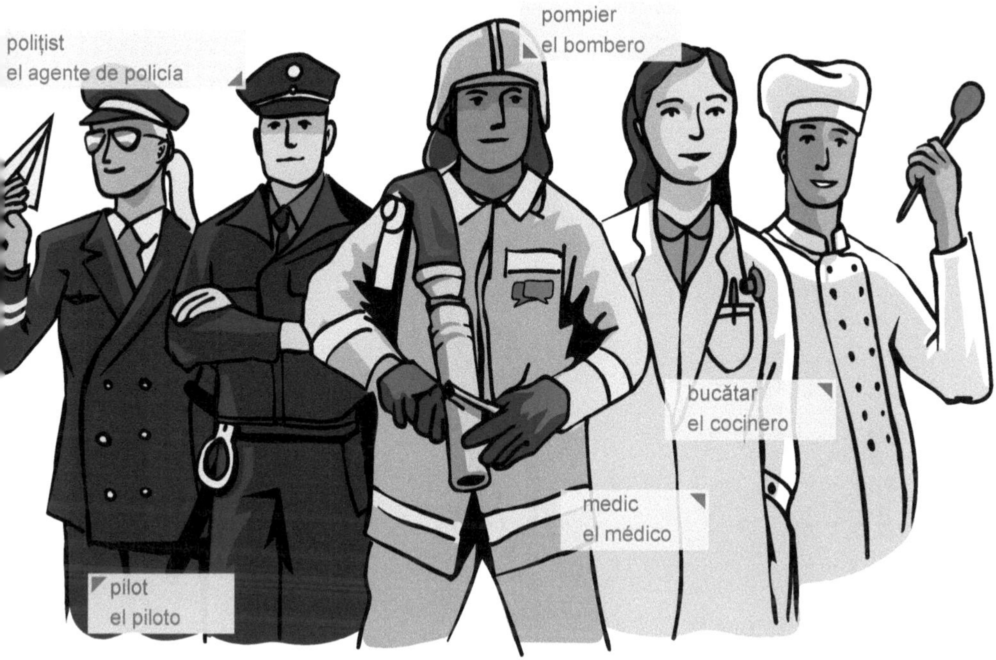
polițist
el agente de policía
pompier
el bombero
bucătar
el cocinero
medic
el médico
pilot
el piloto

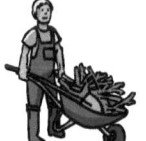

grădinar

el jardinero

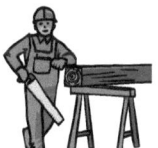

tâmplar

el carpintero

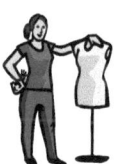

cusătoreasă

la costurera

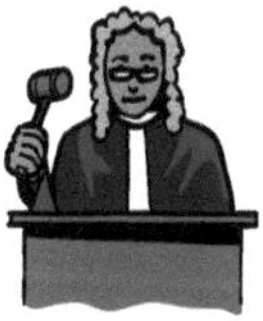

judecător

el juez

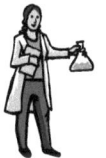

chimist

el farmacéutico

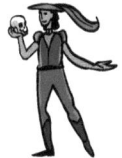

actor

el actor

șofer de autobuz

el conductor de autobús

șofer de taxi

el taxista

pescar

el pescador

femeie de serviciu

la señora de la limpieza

tinichigiu

el techador

chelnăr

el camarero

vânător

el cazador

pictor

el pintor

brutar

el panadero

electrician

el electricista

muncitor în construcții

el obrero

inginer

el ingeniero

măcelar

el carnicero

instalator

el fontanero

poștaș

el cartero

soldat
el soldado

arhitect
el arquitecto

casier
el cajero

florar
el florista

frizer
el peluquero

controlor
el revisor

mecanic
el mecánico

căpitan
el capitán

stomatolog
el dentista

om de ştiinţă
el científico

rabın
el rabino

imam
el imán

călugăr
el monje

preot
el sacerdote

instrumente
las herramientas

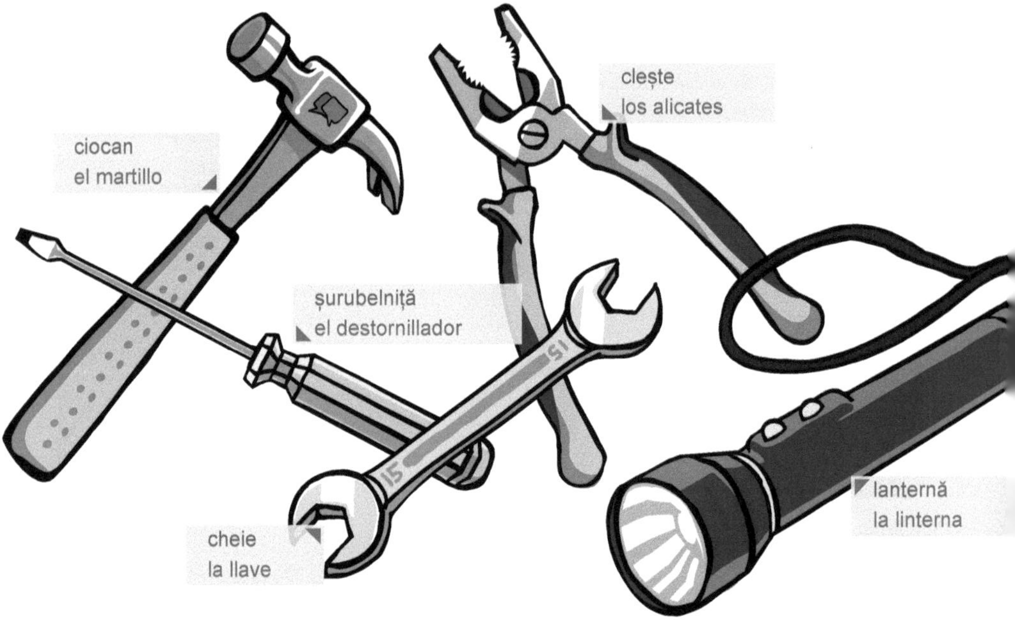

ciocan
el martillo
clește
los alicates
șurubelniță
el destornillador
cheie
la llave
lanternă
la linterna

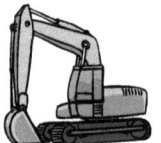

excavator

la excavadora

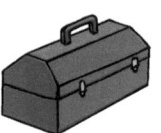

cutie de scule

la caja de herramientas

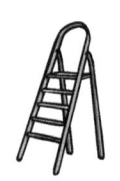

scară

la escalera de mano

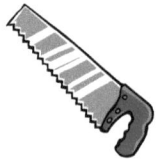

ferăstrău

la sierra

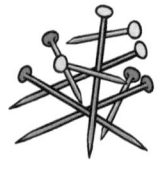

cuie

los clavos

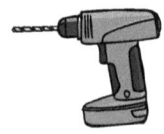

burghiu

el taladro

a repara
reparar

lopată
la pala

La naiba!
¡Maldita sea!

făraș
el recogedor

vas pentru vopsea
el bote de pintura

șuruburi
los tornillos

instrumente muzicale
los instrumentos musicales

difuzor
el altavoz

set tobe
la batería

contrabas
el contrabajo

trompetă
la trompeta

chitară
la guitarra

pian

el piano

vioară

el violín

bas

bajo

trombon

los timbales

tobă

el tambor

keyboard

el teclado

saxofon

el saxofón

fluier

la flauta

microfon

el micrófono

grădină zoologică
el zoo

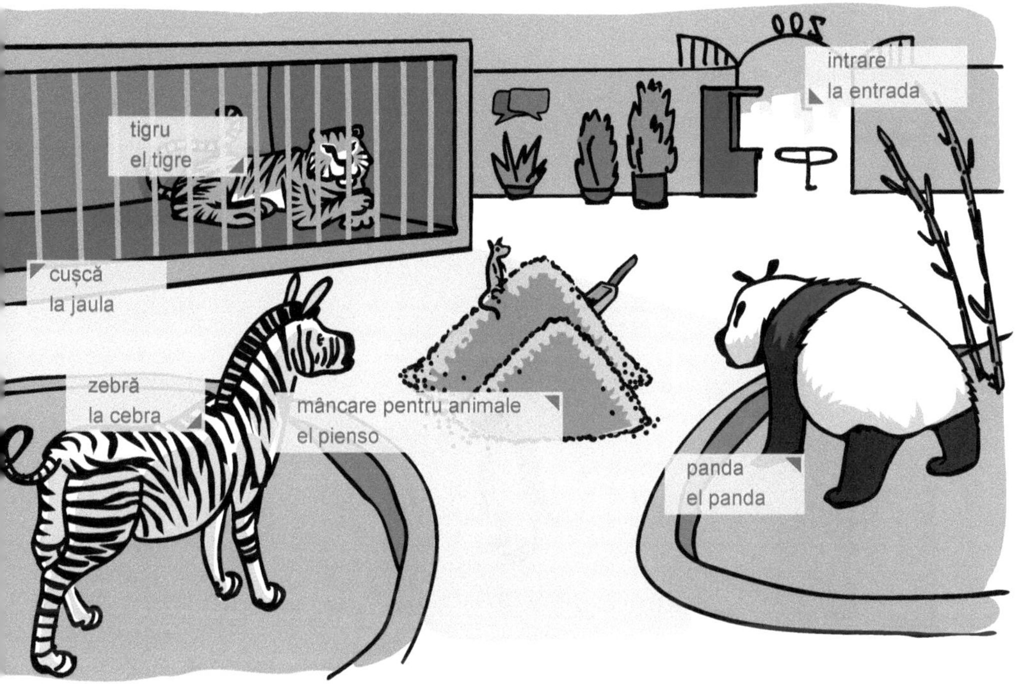

intrare
la entrada
tigru
el tigre
cușcă
la jaula
zebră
la cebra
mâncare pentru animale
el pienso
panda
el panda

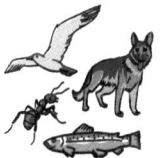

animale

los animales

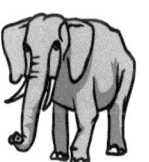

elefant

el elefante

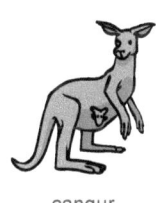

cangur

el canguro

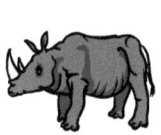

rinocer

el rinoceronte

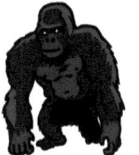

gorilă

el gorila

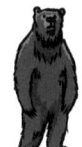

urs

el oso

cămilă

el camello

struț

el avestruz

leu

el león

maimuță

el mono

flamingo

el flamingo

papagal

el loro

urs polar

el oso polar

pinguin

el pingüino

rechin

el tiburón

păun

el pavo real

șarpe

la serpiente

crocodil

el cocodrilo

îngrijitor grădina zoologică

el guardián de zoológico

focă

la foca

jaguar

el jaguar

ponei
el poni

leopard
el leopardo

hipopotam
el hipopótamo

girafă
la jirafa

acvilă
el águila

porc mistreț
el jabalí

pește
el pescado

broască țestoasă
la tortuga

morsă
la morsa

vulpe
el zorro

gazelă
la gacela

fotbal american
el fútbol americano

ciclism
el ciclismo

tenis
el tenis

basketball
el baloncesto

înot
la natación

box
el boxeo

hockey pe gheață
el hockey sobre hielo

fotbal
el fútbol

badminton
el bádminton

atletism
el atletismo

handbal
el balonmano

schi
el esquí

polo
el polo

activități
las actividades

a râde
reír
a sări
saltar
a îmbrățișa
abrazar
a merge
caminar
a cânta
cantar
a visa
soñar
a se ruga
rezar
a săruta
besar

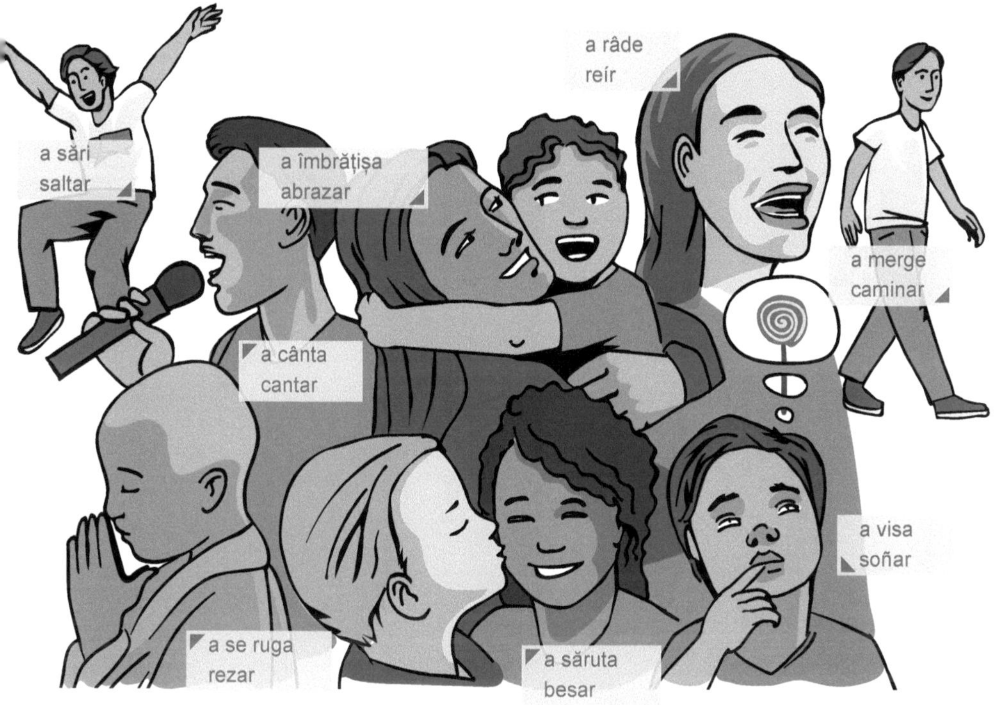

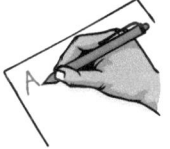

a scrie
escribir

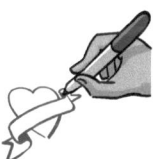

a desena
dibujar

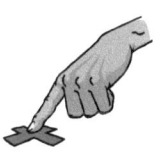

a arăta
mostrar

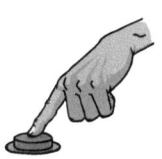

a împinge
empujar

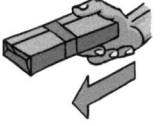

a da
dar

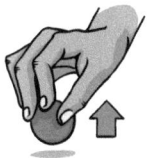

a lua
tomar

a avea

tener

a face

hacer

a fi

ser

a sta în picioare

estar de pie

a fugi

correr

a trage

tirar

a arunca

tirar

a cădea

caer

a sta întins

yacer

a aștepta

esperar

a purta

llevar

a ședea

estar sentado

a se îmbrăca

vestirse

a dormi

dormir

a se trezi

despertar

a privi

mirar

a plânge

llorar

a mângâia

acariciar

a se pieptăna

peinar

a vorbi

hablar

a înțelege

entender

a întreba

preguntar

a asculta

escuchar

a bea

beber

a mânca

comer

a face ordine

ordenar

a iubi

amar

a găti

cocinar

a conduce

conducir

a zbura

volar

a naviga

navegar

a calcula

calcular

a citi

leer

a învăţa

aprender

a munci

trabajar

a se căsători

casarse

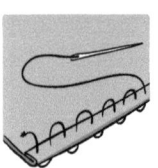

a coase

coser

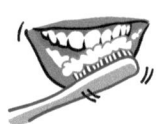

a se spăla pe dinţi

cepillarse los dientes

a ucide

matar

a fuma

fumar

a trimite

enviar

bunică
la abuela

bunic
el abuelo

tată
el padre

mamă
la madre

bebeluș
el bebé

soră
la hija

fiu
el hijo

oaspete
el invitado

mătușă
la tía

unchi
el tío

frate
el hermano

soră
la hermana

corp

el cuerpo

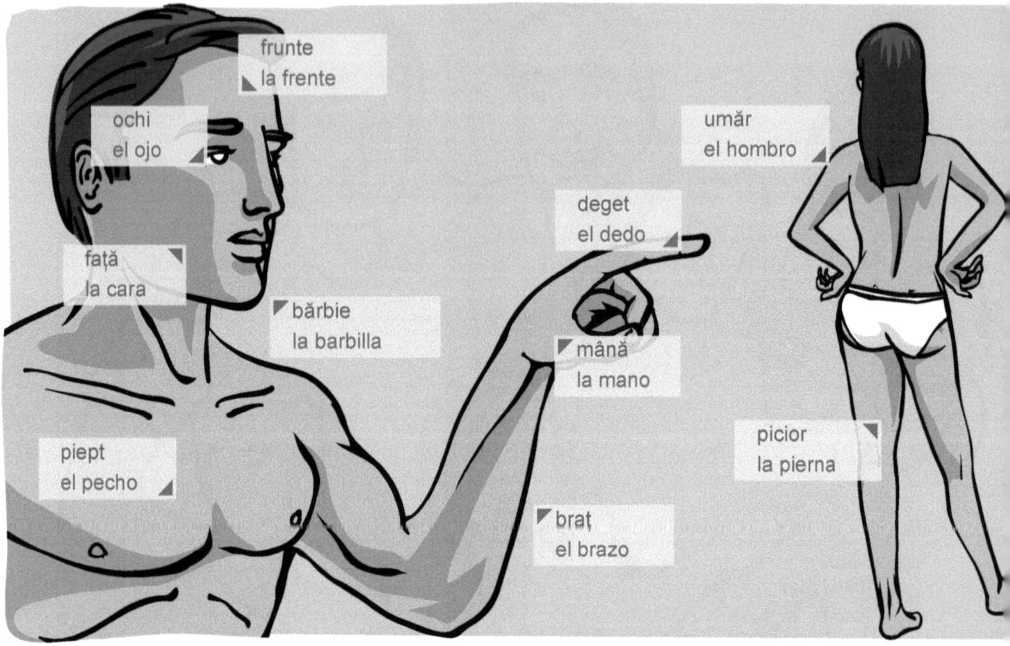

frunte
la frente
ochi
el ojo
umăr
el hombro
deget
el dedo
față
la cara
bărbie
la barbilla
mână
la mano
picior
la pierna
piept
el pecho
braț
el brazo

bebeluș

el bebé

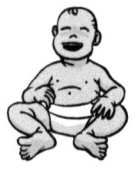

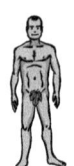

bărbat

el hombre

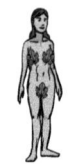

femeie

la mujer

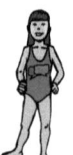

fată

la chica

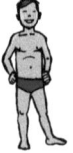

băiat

el chico

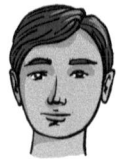

cap

la cabeza

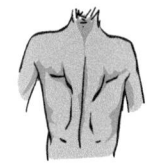

spate
la espalda

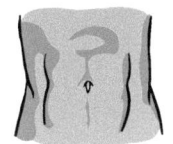

abdomen
el vientre

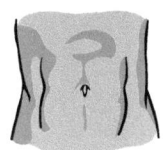

ombilic
el ombligo

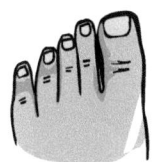

deget de la picior
el dedo del pie

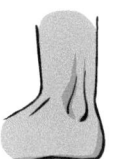

călcâi
el talón

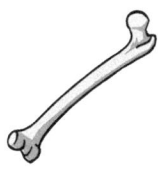

os
el hueso

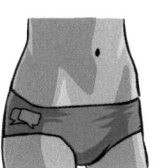

şold
la cadera

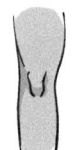

genunchi
la rodilla

cot
el codo

nas
la nariz

fund
el trasero

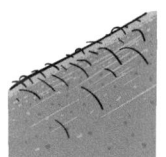

piele
la piel

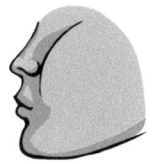

obraz
la mejilla

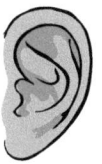

ureche
el oído

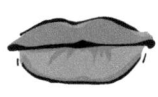

buză
el labio

gură
....
la boca

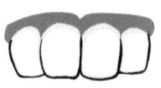

dinte
....
el diente

limbă
....
la lengua

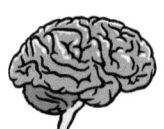

creier
....
el cerebro

inimă
....
el corazón

muşchi
....
el músculo

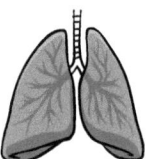

plămân
....
el pulmón

ficat
....
el hígado

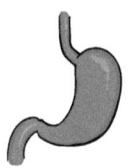

stomac
....
el estómago

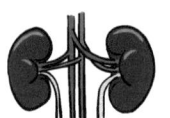

rinichi
....
los riñones

sex
....
el sexo

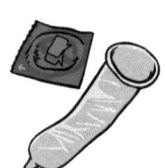

prezervativ
....
el condón

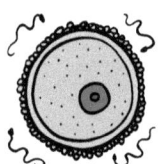

ovul
....
el ovario

spermă
....
el semen

sarcină
....
el embarazo

corp - el cuerpo

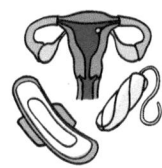

menstruație
la menstruación

vagin
la vagina

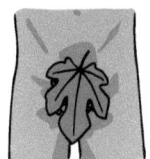

penis
el pene

sprânceană
la ceja

păr
el pelo

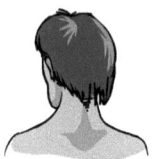

gât
el cuello

spital
el hospital

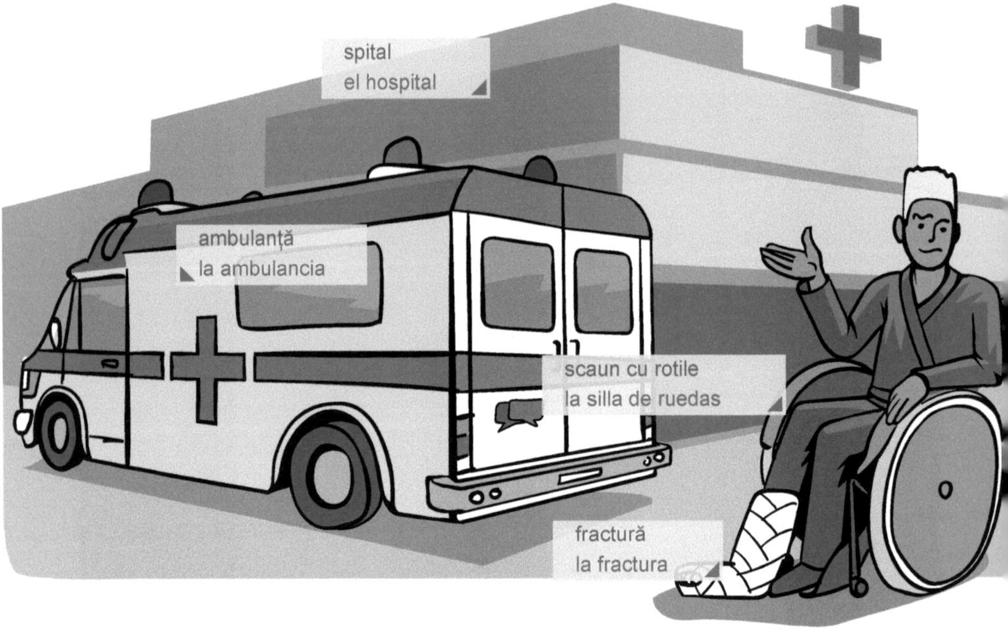

spital
el hospital
ambulanță
la ambulancia
scaun cu rotile
la silla de ruedas
fractură
la fractura

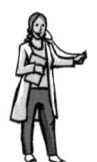

medic

el médico

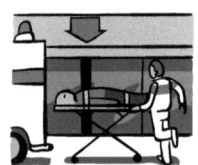

unitate de primiri urgențe

la sala de urgencias

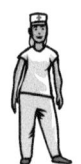

soră medicală

la enfermera

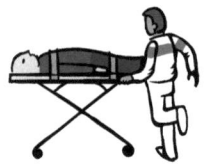

urgență

la urgencia

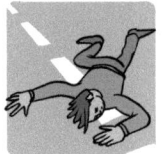

inconștient

inconsciente

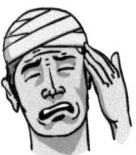

durere

el dolor

leziune

la lesión

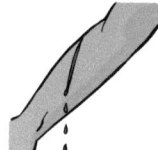

sângerare

la hemorragia

infarct miocardic

el infarto

atac cerebral

el ictus

alergie

la alergia

tuse

la tos

febră

la fiebre

gripă

la gripe

diaree

la diarrea

durere de cap

el dolor de cabeza

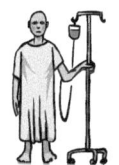

cancer

el cáncer

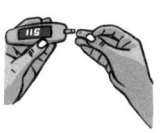

diabet

la diabetes

chirurg

el cirujano

scalpel

el bisturí

operație

la operación

CT
TAC

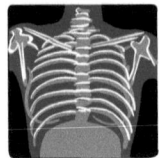

raze Röntgen
los rayos x

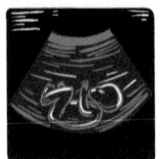

ultrasunet
el ultrasonido

mască
la mascarilla

boală
la enfermedad

sală de așteptare
la sala de espera

cârjă
la muleta

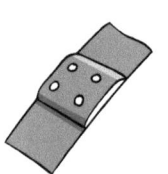

plasture
la tirita

bandaj
la venda

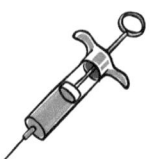

injecție
la inyección

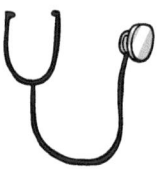

stetoscop
el estetoscopio

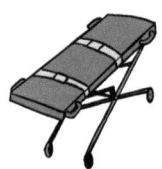

targă
la camilla

termometru
el termómetro

naștere
el nacimiento

supraponderabilitate
el sobrepeso

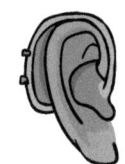

aparat auditiv

el audífono

dezinfectant

el desinfectante

infecție

la infección

virus

el virus

HIV/SIDA

VIH / SIDA

medicină

la medicina

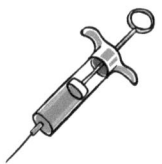

vaccin

la vacunación

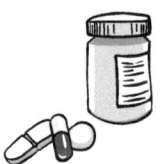

tablete

las tabletas

pastilă

la pastilla

apel de urgență

la llamada de urgencia

aparat de măsurare a
presiunii arteriale

el tensiómetro

bolnav/sănătos

enfermo / sano

Ajutor!

¡Socorro!

alarmă

la alarma

agresiune

el asalto

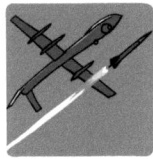

atac

el ataque

pericol

el peligro

ieşire de urgenţă

la salida de emergencia

Foc!

¡Fuego!

extinctor

el extintor de incendios

accident

el accidente

trusă de prim-ajutor

el botiquín de primeros auxilios

SOS

SOS

poliţie

la policía

Europa

Europa

America de Nord

Norteamérica

America de Sud

Sudamérica

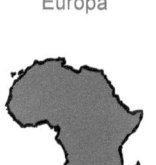

Africa

África

Asia

Asia

Australia

Australia

Altantic

el atlántico

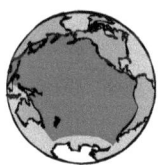

Pacific

el Pacífico

Oceanul Indian

el Océano Índico

Oceanul Antarctic

el Océano Antártico

Oceanul Arctic

el Océano Ártico

Polul Nord

el polo norte

Polul Sud

el polo sur

Antarctica

La Antártida

pământ

la tierra

țară

la tierra

mare

el mar

insulă

la isla

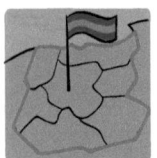

națiune

la nación

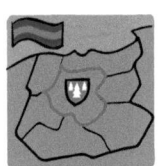

stat

el estado

cadran

la esfera

orar

la manecilla de las horas

minutar

el minutero

secundar

el segundero

Cât e ceasul?

¿Qué hora es?

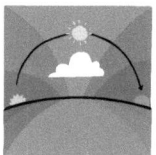

zi

el día

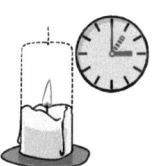

timp

el tiempo

acum

ahora

cead digital

el reloj digital

minut

el minuto

oră

la hora

săptămână
la semana

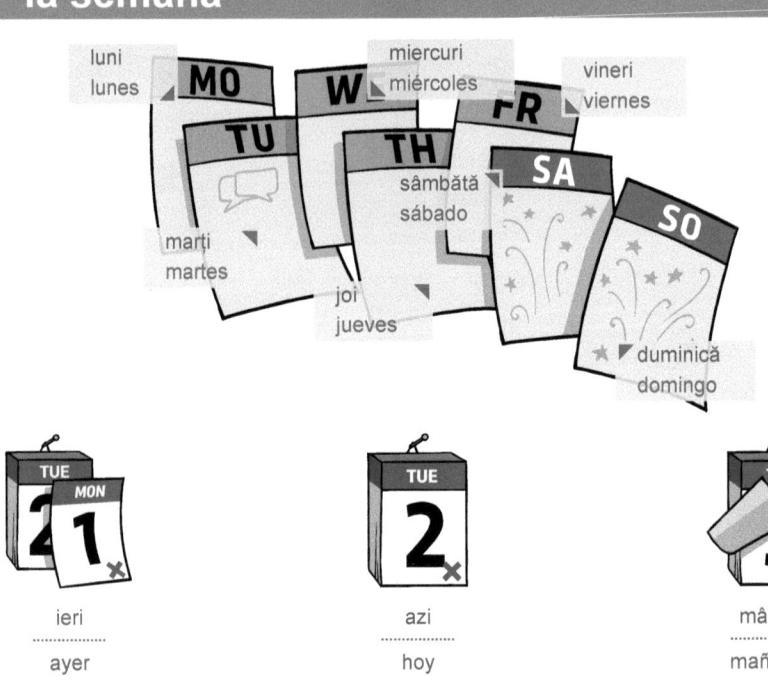

luni / lunes **MO**
marți / martes **TU**
miercuri / miércoles **W**
joi / jueves **TH**
vineri / viernes **FR**
sâmbătă / sábado **SA**
duminică / domingo **SO**

ieri
ayer

azi
hoy

mâine
mañana

dimineață
la mañana

amiază
el mediodía

seară
la tarde

zile lucrătoare
los días laborables

week-end
el fin de semana

an

el año

ploaie
la lluvia
curcubeu
el arcoíris
zăpadă
la nieve
vânt
el viento
primăvară
la primavera
toamnă
el otoño
vară
el verano
iarnă
el invierno

4.APRIL 11°
5.APRIL 4°
6.APRIL 13°
7.APRIL 8°
8.APRIL 10°

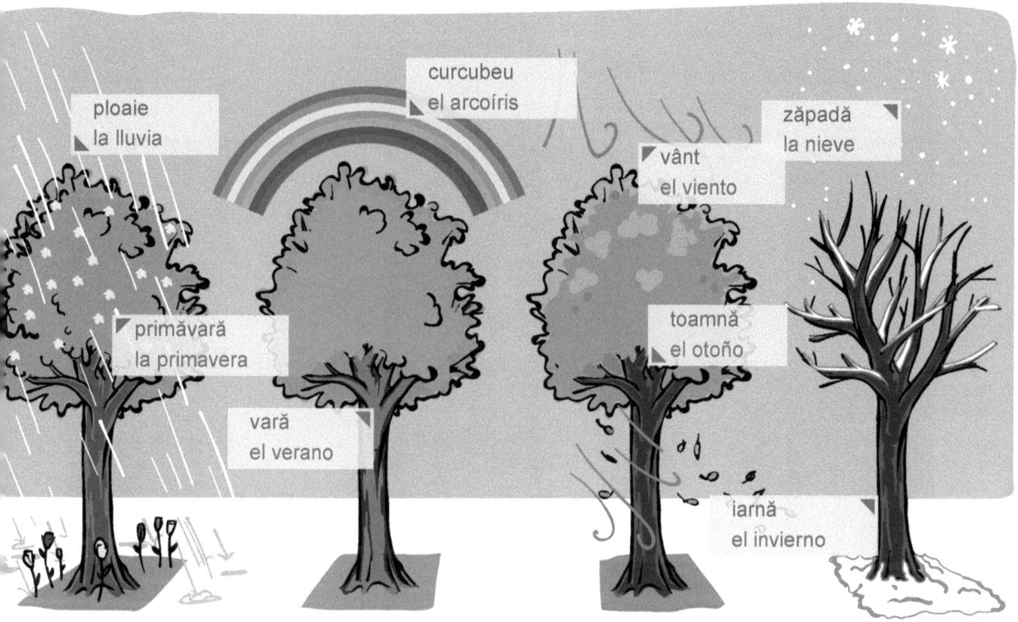

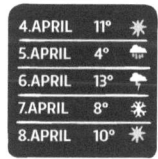

prognoză meteo

el pronóstico del tiempo

F C
120 40
90 30
60 20
30 10
0 0
-30 -10
-20

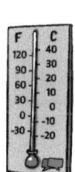

termometru

el termómetro

lumina soarelui

el sol

nor

la nube

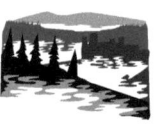

ceață

la niebla

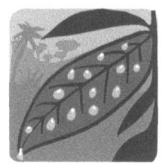

umiditate a aerului

la humedad

fulger
el rayo

tunet
el trueno

furtună
la tormenta

grindină
el granizo

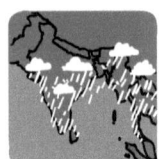

muson
el monzón

inundație
la inundación

gheață
el hielo

ianuarie
enero

februarie
febrero

martie
marzo

aprilie
abril

mai
mayo

iunie
junio

iulie
julio

august
agosto

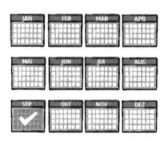

septembrie

septiembre

octombrie

octubre

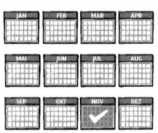

noiembrie

noviembre

decembrie

diciembre

forme
las formas

cerc

el círculo

pătrat

el cuadrado

dreptunghi

el rectángulo

triunghi

el triángulo

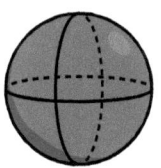

sferă

la esfera

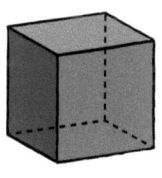

cub

el cubo

alb
....
blanco

galben
....
amarillo

portocaliu
....
anaranjado

roz
....
rosa

roșu
....
rojo

violet
....
morado

albastru
....
azul

verde
....
verde

maro
....
marrón

gri
....
gris

negru
....
negro

mult/puțin
mucho / poco

furios/calm
enojado / tranquilo

frumos/urât
bonito / feo

început/sfârșit
principio / fin

mare/mic
grande / pequeño

luminos/întunecat
claro / oscuro

frate/soră
el hermano / la hermana

curat/murdar
limpio / sucio

complet/incomplet
completo / incompleto

zi/noapte
el día / la noche

mort/viu
muerto / vivo

lat/strâmt
ancho / estrecho

comestibil/necomestibil

comestible / no comestible

rău/prietenos

malo / amable

emoţionat/plictisit

entusiasmado / aburrido

gras/slab

gordo / delgado

primul/ultimul

primero / último

prieten/inamic

el amigo / el enemigo

plin/gol

lleno / vacío

tare/moale

duro / blando

greu/uşor

pesado / ligero

foame/sete

el hambre / la sed

bolnav/sănătos

enfermo / sano

ilegal/legal

ilegal / legal

inteligent/stupid

inteligente / tonto

stânga/drepta

izquierda / derecha

aproape/departe

cerca / lejos

nou/uzat

nuevo / usado

nimic/ceva

nada / algo

bătrân/tânăr

viejo / joven

pornit/oprit

encendido / apagado

deschis/închis

abierto / cerrado

încet/tare

silencioso / ruidoso

bogat/sărac

rico / pobre

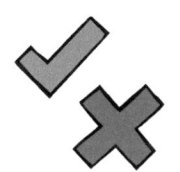

corect/fals

correcto / incorrecto

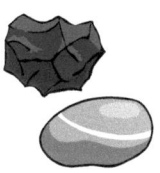

aspru/neted

áspero / suave

trist/fericit

triste / contento

lung/scurt

corto / largo

încet/repede

lento / rápido

ud/uscat

húmedo / seco

cald/rece

cálido / frío

război/pace

guerra / paz

0	**1**	**2**
zero	unu	doi
cero	uno	dos

3	**4**	**5**
trei	patru	cinci
tres	cuatro	cinco

6	**7**	**8**
șase	șapte	opt
seis	siete	ocho

9	**10**	**11**
nouă	zece	unsprezece
nueve	diez	once

12
douăsprezece
doce

13
treisprezece
trece

14
paisprezece
catorce

15
cincisprezece
quince

16
șaisprezece
dieciséis

17
șaptesprezece
diecisiete

18
optsprezece
dieciocho

19
nouăsprezece
diecinueve

20
douăzeci
veinte

100
o sută
cien

1.000
o mie
mil

1.000.000
un milion
el millón

engleză
el inglés

engleză americană
el inglés americano

chineza mandarină
el chino madarín

hindi
el hindi

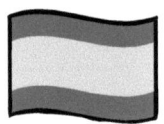

spaniolă
el español

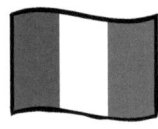

franceză
el francés

arabă
el árabe

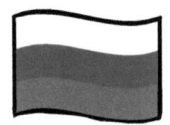

rusă
el ruso

protugheză
el portugués

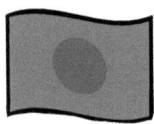

bengaleză
el bengalí

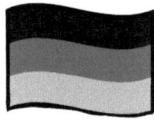

germană
el alemán

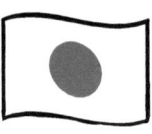

japoneză
el japonés

eu
....
yo

tu
....
tú

♂ ♀ ○

el/ea
....
él / ella / ello

noi
....
nosotros/as

voi
....
vosotros/as

ea
....
ellos/as

cine?
....
¿quién?

ce?
....
¿qué?

cum?
....
¿cómo?

unde?
....
¿dónde?

când?
....
¿cuándo?

HELLO, I AM

nume
....
el nombre

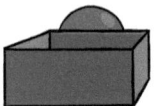

în spate

detrás

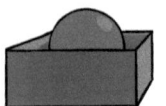

în

en

înainte

delante de

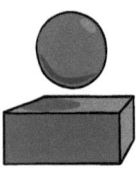

peste

por encima de

pe

sobre

sub

debajo de

lângă

junto a

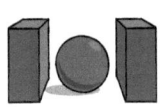

între

entre

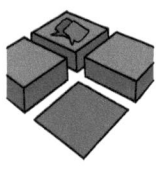

loc

el lugar